Impressum
Verlag: BABADADA GmbH, Nedderfeld 112 , 22529 Hamburg
Geschäftsführer / Verlagsleitung: Harald Hof
Druck: Books on Demand GmbH, In de Tarpen 42, 22848 Norderstedt

Imprint
Publisher: BABADADA GmbH, Nedderfeld 112 , 22529 Hamburg, Germany
Managing Director / Publishing direction: Harald Hof
Print: Books on Demand GmbH, In de Tarpen 42, 22848 Norderstedt, Germany

ystafell ddosbarth
suudu jangirdu

rhannu
feccude

186/2

bwrdd
balal binndi

athro
janginoowo

iard ysgol
hakkunde ekkol

papur
kaayit

ysgrifennu
windude

pen
kuɗol

desg
biro

pren mesur
reegal

llyfr
deftere

disgybl
almuudo

bag ysgol
kartaabal

blwch penseli
moftirdo kereyonji

pensil
kereyo

peth rhoi min ar bensil
ceeɓnirgel kereyon

rwber
momtirgel

geiriadur lluniau
diksiyoneer natal

pad arlunio

alluwal ciifirgal

llun

ciifgol

brws paent

limsere pentirteeɗo

blwch paent

suwo pentirɗo

siswrn

sisooji

glud

ɗakkorgal

llyfr ysgrifennu

deftere ekkorgal

gwaith cartref

golle janŋde

rhif

niimara

ychwanegu

ɓeydude

tynnu

ustude

lluosi

ɓeydude keeweendi

cyfrifo

qimaade

llythyren

ɓataake

gwyddor

karfeeje

gair

kongol

testun

bindoł

darllen

jangude

sialc

bindirgal

gwers

darsu

cofrestr

winditaade

arholiad

egsame

tystysgrif

sartifika

gwisg ysgol

comcol duɗal

addysg

janŋde

gwyddoniadur

ansikolopedi

prifysgol

duɗal jaaɓi haɗtirde

microsgop

mikoroskop

map

kartal

basged papur gwastraff

suwo kurjut

gwesty
otel

hostel
obers

swyddfa gyfnewid
nokku beccugol e neldugol

cês dillad
waxannde

car
oto

iaith

ɗemngal

ie / na

Eey / ala

iawn

Moyƴi

helo

mbaɗɗa

cyfieithydd

pirtoowo

Diolch yn fawr

A jaraama

faint yw ...?

no foti...?

Dw i ddim yn deall

Mi faamaani

problem

hanmi

Noswaith dda!

Jam hiri!

Bore da!

Jam waali!

Nos da!

Mbaalen e jam!

hwyl

ñande woɗnde

cyfarwyddyd

laawol

bagiau

bagaas

bag

saawdu

gwarbac

saawdu wambateendu

gwestai

koɗo

ystafell

suudu

sach gysgu

njegenaaw

pabell

caalel ladde

gwybodaeth i ymwelwyr	traeth	cerdyn credyd
kabaruuji tuurist	tufnde	kartal banke
brecwast	cinio	swper
kacitaari	bottaari	hiraande
tocyn	lifft	stamp
biye	suutde	tampon
ffin	tollau	llysgenhadaeth
keerol	duwaan	ambasad
fisa	pasbort	
wiisa	paaspoor	

awyren
laala ndiwoowa

llong
batoo

injan dân
oto pompiyeeji

bws
biis

lori
kamiyon

cwch modur
laana motoor

beic
welo

car
oto

fferi
batoo

cwch
laana

beic modur
welo

car yr heddlu
oto polis

car rasio
oto dogirteeɗo

car wedi'i rentu
oto luwateeɗo

rhannu car

dendugol oto

lori tynnu

oto dandoowo goɗɗo

lori ysbwriel

oto kurjut

modur

motoor

tanwydd

karbiran

gorsaf betrol

nokku esaans

arwydd traffig

tintinooje yaangarta

traffig

yaa ngarta

tagfa draffig

jiiɓo yaa ngarta

maes parcio

dingiral otooji

gorsaf drennau

dingiral laana leydi

traciau

laaɓi

trên

laana leydi

tram

laana ndegoowa

wagen

saret

hofrennydd

elikopteer

maes awyr

ayrepoor

tŵr

tuur

teithiwr

wonɓe e laana

cynhwysydd

konteneer

paced

karton

cert

duñirgel kaake

basged

basket

esgyn / glanio

diwde / juuraade

dinas

wuro mowngu

pentref

wuro

canol y ddinas

hakkunde wuru wowngo

tŷ

galle

sinema
sinema

hysbyseb
kabrirgel

golau stryd
lampa laawol

CINEMA

stryd
laawol

tacsi
taksi

cerddwr
yaroobe koyɗe

siop byrbrydau
bitik ñaamdu

palmant
laawol yaroobe koyɗe

goleuadau traff
kubbuuje e laa

croesfan
taccugol

croesfan sebra
taccirgel laawol

bin
siwo kurjut

cwt
....
tiba

fflat
....
ko foti

gorsaf drennau
....
dingiral laana leydi

neuadd y dref
....
meeri

amgueddfa
....
miise

ysgol
....
duɗal

prifysgol

duɗal jaaɓi haɗtirde

banc

banke

ysbyty

suudu safirdu

gwesty

otel

fferyllfa

farmasi

swyddfa

gollirgal

siop lyfrau

suudu defte

siop

bitik

siop flodau

jeyoowo fuloraaji

archfarchnad

sipermarse

farchnad

jeere

siop adrannol

madase mawɗo

siop bysgod

jeyoowo liɗɗi

canolfan siopa

nokku coodateeɗo

harbwr

poor

parc

park

banc

joodorgal

pont

taccirgal

grisiau

ŋabbirɗe

rheilffordd danddaearol

laawol metero

twnnel

laawul les leydi

safle bws

fongo biis

bar

baar

bwyty

restora

blwch post

buwaat postaal

arwydd stryd

lewñowel laawol

mesurydd parcio

to otooji ndaroto

sŵ

nokku kullon

pwll nofio

pisin

mosg

jama

ffern
ngesa

llygredd
gakkingol hendu

mynwent
bammule

eglwys
egiliis

maes chwarae
dingiral

teml
tampl

tirwedd
yiyande taariinde

deilen
baramlefol

arwydd cyfeirio
tugayal tintinirgal

ffordd
laawol

dôl
Huɗo sukkuko

carreg
haayre

coeden
lekki

heiciwr
ŋayloowo

afon
maayo

glaswellt
huɗo

blodyn
fuloor

cwm

nokku kaañe mawɗe to
ndiyam dogata

bryn

waande

llyn

weedu

coedwig

ladde

anialwch

ladde yoornde

llosgfynydd

wolkan

castell

satoo

enfys

timtimol

madarchen

sampiñon

palmwydden

leki palm

mosgito

ɓowngu

pryf

diwde

morgrugyn

njabala

gwenyn

mbuubu ñaak

pryf copyn

njabala

chwilen

hoowoyre keppoore

llyffant

faabru

gwiwer

doomburu ladde

draenog

sammunde

ysgyfarnog

fowru

tylluan

pubbuɓal

aderyn

colel

alarch

kakeleewal ladde

baedd

mbabba tugal

carw

lella

elc

Nagge nde gallaɗi cate

argae

baraas

tyrbin gwynt

masiŋel battowel hendu jeynge

panel haul

Lowowel nguleeki

hinsawdd

kilima

gweinydd
carwoowo

bwydlen
meni

cadair
joodorgal

cawl
suppu

pitsa
pidsa

cyllyll a ffyrc
gede ñaamirteede

lliain bwrdd
limsere taabal

cwrs cyntaf

tongitirgel

prif gwrs

ñaamdu nguraandi

pwdin

tuftorogol

diodydd

njaram

bwyd

ñaamdu

potel

butel

bwyd cyflym

fast fud

bwyd y stryd

ñaamdu laawol

tebot

baraade

powlen siwgr

cupayel suukara

dogn

geɗel

peiriant espresso

Masinŋ kafe

cadair plentyn

jooɗorgal toowngal

bil

biye

hambwrdd

ñorgo

cyllell

paaka

fforc

furset

llwy

kuddu

llwy de

nokkere kuddu

napcyn

sarbet

gwydr

weer

plât
palaat

plât cawl
palaat suppu

soser
cupayel

saws
soos

pot halen
pot lamɗam

melin bupur
moññirgal poobar

finegr
bineegara

olew
nebam

sbeisys
kaaɗnooje

saws coch
ketsap

mwstard
muttard

mayonnaise
mayonees

cynnig arbennig
ngustugul coggu

cwsmer
kiliyaan

cynnyrch llaeth
kosameeje

ffrwythau
bikkon ledde

troli
daasirgel

siop gig

jeyoowo teew nagge

siop fara

juɗoowo mburu

pwyso

ɓetde

llysiau

lijim

cig

teew

Bwyd wedi'i rewi

ñaamdu ɓumnaandu

cig oer

teew moftaaɗo

bwyd tun

ñaamdu nder buwat

powdr golchi

condi lawyirteendu

da-da

bonboonji

cynnyrch cartref

geɗe ngurdaaɗe

cynhyrchion glanhau

porodiwiiji laaɓnirni

gwerthwraig

julaaajo

til

haa

ariannwr

kestotooɗo

rhestr siopa

limto coodateeɗi

oriau agor

waktuuji golle

waled

kalbe

cerdyn credyd

kartal banke

bag

saak

bag plastig

saak dalli

dŵr

ndiyam

sudd

njaram

llefrith

kosam

côc

yûlmere

gwin

sangara

cwrw

sangara

alcohol

sangara

coco

kakao

te

ataaya

coffi

kafe

espresso

kafe jon jooni

cappuccino

kafe italinaaɓe

ffrwchledd

banaana

afal

pom

oren

oraas

melon

dende

lemwn

limonŋ

moronen

karot

garlleg

laay

bambŵ

lekki bambu

nionyn

basalle

madarchen

sampiñon

cnau

gerte

nwdls

espageti

sbageti

espageti

reis

maaro

salad

salaat

sglodion

firit

tatws wedi'u ffrïo

faatat cahaaɗo

pitsa

pidsa

hambyrger

amburgeer

brechdan

sandiwis

cytled

buhal baddangal e lijim

ham

buhal teew

salami

kaane biyeteeɗo sosison

selsig

sosis

cyw iâr

gertogal

rhost

defaɗum

pysgodyn

liingu

ceirch uwd

ndefu gabbe kuwakeer

miwsli

njilɓundi aɓuwaan e gabbe goɗɗe

creision ŷd

kornfelek

blawd

farin

croissant

kurwasa

bynsen

pe o le

bara

mburu

tost

mburu juɗaaɗo

bisgedi

mbiskit

menyn

nebam boor

ceuled

kosam kaaɗɗam

teisen

gato

wy

ɓoccoonde

wy wedi'i ffrïo

moccoonde fasnaande

caws

foromaas

hufen iâ

kerem galaas

siwgr

suukara

mêl

njuumri

jam

teew nagge

siocled taenu

nirkugol sokkola

cyri

suppu kaane

ffermdy
galle nder ngesa

ysgubor
cukalel

bwrn gwellt
mahande huɗo

maes
ngesa

ceffyl
puccu

ôl-gerbyd
reemorki

tractor
tarakteer

ebol
molu

asyn
mbabba

dafad
mbaalu

oen
jawgel

gafr

ndamdi

buwch

nagge

llo

mbeewa

mochyn

mbabba tugal

porchell

ɓingel mbabba tugal

tarw

ngaari ladde

gwydd
jarlal ladde

hwyaden
gerlal

cyw
cofel

iâr
jarlal

ceiliog
ngori

llygoden fawr
doomburu

cath
ullundu

llygoden
doomburu

ych
nagge

ci
rawaandu

cwt ci
nokku dawaadî

pibell ddŵr
tiwo sardin

can dŵr
doosirgal

pladur
wofdu mawndu

aradr
masinŋ demoowo

cryman

wofdu

fforch chwynu

coppirgal

picwarch

rato

bwyell

hakkunde

berfa

buruwet

cafn

mbalka

tun llefrith

kosam buwat

sach

saak

ffens

kalasal galle

stabl

nokku pucci

tŷ gwydr

inexistant

pridd

leydi

hedyn

abbere

gwrtaith

nguurtinooje leydi

dyrnwr medi

masinŋ coñirteeɗo

cynaeafu

soñde

cynhaeaf

soñde

iamau

ñambi

gwenith

bele

soi

soja

tysen

faatat

grawn

maka

had rêp

abbere lekki kolsa

coeden ffrwythau

lekki firwiiji

manioc

ñambi

grawnfwydydd

sereyaal

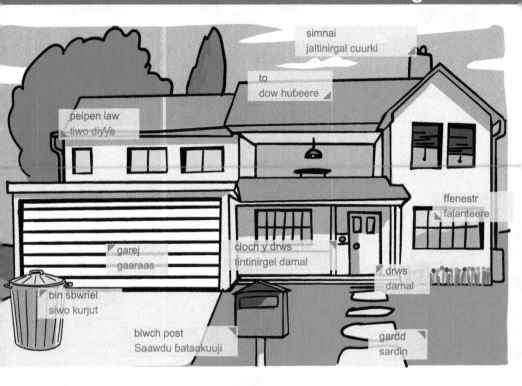

simnai
jaltinirgal cuurki

to
dow hubeere

peipen law
tiwo diyŷe

ffenestr
falanteere

garej
gaaraas

cloch y drws
tintinirgel damal

drws
damal

bin sbwriel
siwo kurjut

blwch post
Saawdu bataakuuji

gardd
sardin

lolfa
suudu yeewtere

ystafell ymolchi
tarodde

cegin
waañ

ystafell wely
suudu waalduru

ystafell plentyn
suudu sakaaɓe

ystafell fwyta
suudu hiraande

llawr

karawal

wal

ɓalal

nenfwd

asamaan suudu

seler

faawru

sawna

soona e ɗemngal farase

balconi

balko

teras

teeraas

pwll

pisin

peiriant torri gwair

keefoowo huɗo

taflen

darap

gorchudd gwely

darap

gwely

leeso

ysgub

pittirgal

bwced

suwo

swits

ñifirgel

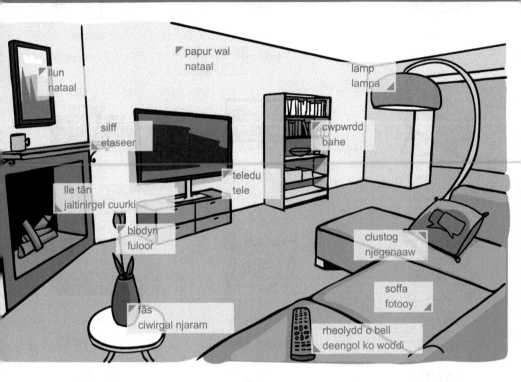

papur wal
nataal

lamp
lampa

llun
nataal

silff
etaseer

cwpwrdd
bahe

teledu
tele

lle tân
jaltinirgel cuurki

blodyn
fuloor

clustog
njegenaaw

soffa
fotooy

fâs
ciwirgal njaram

rheolydd o bell
deengol ko woɗɗi

carped
....
tappi

llen
....
rido

bwrdd
....
taabal

cadair
....
jooɗorgal

cadair siglo
....
jooɗorgal timmungal

cadair freichiau
....
jooɗorgal tuggateengal

llyfr

deftere

blanced

cuddirgal

addurn

jooɗnugol

coed tân

leɗɗe kuɓɓateeɗe

ffilm

filmo

hi-fi

materiyel hi-fi

agoriad

coktirgal

papur newydd

kaayit kabaruuji

darlun

pentirgol

poster

posteer

radio

rajo

llyfr nodiadau

teskorgel

hwfer

ɓoɗowel pusiyeer

cactws

kaktis

cannwyll

sondel

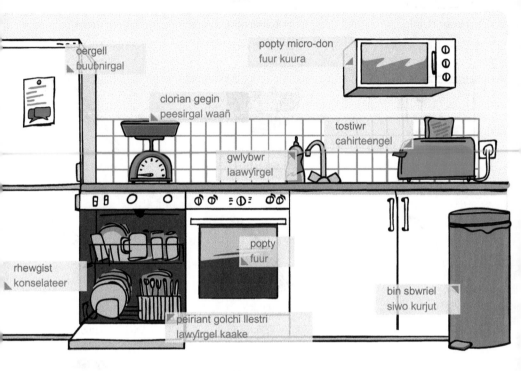

oergell
buubnirgal

popty micro-don
fuur kuura

clorian gegin
peesirgal waañ

gwlybwr
laawyirgel

tostiwr
cahirteengel

rhewgist
konselateer

popty
fuur

bin sbwriel
siwo kurjut

peiriant golchi llestri
lawyirgel kaake

popty

fuurno

pot

pot

pot haearn bwrw

barme

wok / kadai

kasorol

padell

kasorol

tegell

satalla

sosban stemio

suppere defirteende

hambwrdd pobi

pool defirteeɗo

llestri

lawŷugol kaake

mwg

pot jarduɗo

powlen

suppeere

gweill bwyta

ñibirgon ñaamdu

lletwad

kuddu luus

ysbodol

kayit ɗakirteeɗo

chwisg

iirtude

hidlydd

ceɗirgel

gogr

tame

gratiwr

keefirgel

morter

moññirgal

barbeciw

juɗgol

tân agored

jeyngol e henndu

bwrdd torri cig
coppirgal

rholbren
degnirgel ñaamdu feewnateendu

tynnwr corcyn
udditirgel butel

tun
buwaat

peth agor tuniau
udditirgel buwat

clwt pot
nangirgel pot

sinc
siimtude

brws
boros

sbwng
eppoos

peiriant cymysgu
jiibirgel

rhewgell
battowel galaas

potel babi
jardugel tiggu

tap
robine

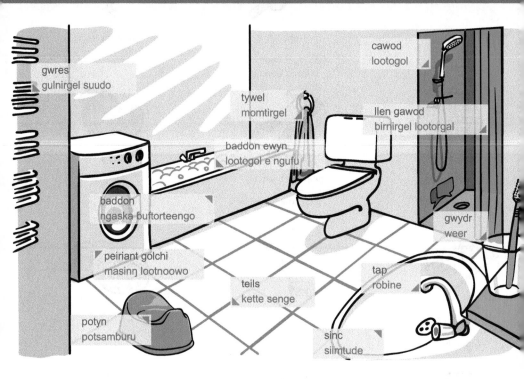

gwres
gulnirgel suudo

cawod
lootogol

tywel
momtirgel

llen gawod
birnirgel lootorgal

baddon ewyn
lootogol e ngufu

baddon
ngaska buftorteengo

gwydr
weer

peiriant golchi
masinŋ lootnoowo

tap
robine

teils
kette senge

potyn
potsamburu

sinc
siimtude

tŷ bach

....

taarorde

toiled cyrcydu

....

joɗorgal kuwirteengal

bidet

....

biisirgel ndiyam

troethfa

....

taarodde

papur tŷ bach

....

kaayit momtirɗo

brws tŷ bach

....

boros taarorde

brws danned

coccorgal ŷiiye

past danned

sabunde ŷiiye

edau ddanned

gaarowol ñiire

golchi

lawyŭde

cawod llaw

ɓoggol lootirteengol

golchfa

ɓuftogol

basn

loowirteengel

brws-ôl

demirgel huɗo

sebon

sabunnde

gel cawod

saabunde ɓuftorteende

siampŵ

sampoye

gwlanen

limsere wiro

ffos

ciiygol

hufen

kerem

diaroglydd

uurnirgel

drych	drych llaw	rasel
daandorgal	daandorgal pamoral	pembirgel

ewyn eillio	sent eillio	crib
ngufu pembol	moomiteengel pembol	yeesoode

brws	sychwr gwallt	chwistrell gwallt
boros	joornirgel sukunndu	peewnirgel sukunndu

colur	minlliw	farnais ewinedd
makiyaas	joodîrgel toni	momtirgel cegeneeji

gwlân cotwm	siswrn ewinedd	persawr
garowol wiro	siso cegeneeji	parfon

bag ymolchi
....
waxande lootorgal

stôl
....
kuudi

clorian
....
peesirgal

gŵn baddon
....
wutte cuftorteeɗo

menig rwber
....
gaŋuuji dalli

tampon
....
momtirer ɲiiɲam ella

tywel misglwyf
....
kuus tiggu

toiled cemegol
....
lootogol simik

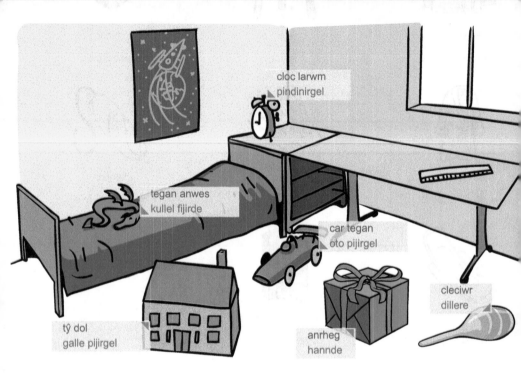

cloc larwm
pindinirgel

tegan anwes
kullel fijirde

car tegan
oto pijirgel

tŷ dol
galle pijirgel

cleciwr
dillere

anrheg
hannde

balŵn
sumalle dalli

gwely
leeso

pram
duñirgel tiggu

pecyn o gardiau
nokkere karte

jig-so
fijirde lombondirgol

comic
njalniika

brics Lego

pijirgel tuufeeje

blociau adeiladu

tuufeeje

ffigur gweithredu

pijirgel

babygro

comcol tiggu

ffrisbi

palaat diwwoow

ffôn symudol

noddirgel

gêm fwrdd

pijirgel

deis

dee

set model trên

ñemtinirgel laana ndegoowa

teth lwgu

neɗɗo fuuunti

parti

fijirde

llyfr lluniau

deftere nate

pêl

bal

dol

puppe

chwarae

fijde

pwll tywod

mbalka ceenal

swing

beeltirgal

teganau

pijirgel

consol gemau fideo

pijiteengel see widewo

beic tair olwyn

welo biifi tati

tedi

pijirgel kullel urs

cwpwrdd dillad

armuwaar

dillad

comcol

hosanau

kawase

hosanau

kawase

teits

tuubayon ɓittukon

sgarff
musuuro

gwregys
dadorde

ymbarél
paraseewal

crys-t
tiset

esidiau ymarfer
pade bokkateede

esgidiau
pade toowde

sliperi
pade suudu

sandalau
····················
pade diwa

esgidiau
····················
pade

esgidiau rwber
····················
padde toowde lirotoode

trôns
····················
cakkirdî

bra
····················
sucengors

fest
····················
silet

corff

banndu

trowsus

tuuba

jîns

jiin

sgert

robbo

blows

buluson

crys

simis

pwlofer

piliweer

hwdi

weste nebbu

blaser

layset

siaced

jaget

côt

weste juudɗo

côt law

wutte toɓo

gwisg

kostim

gŵn

robbo

gwisg briodas

robbo yange

siwt

weste

gŵn nos

wutte baaludɗo

pyjamas

pijama

sari

sari

sgarff pen

muusooro

tyrban

kaala

bwrca

kaala

cafftan

sabndoor

abaya

abbaay

gwisg nofio

comcol lumbirogol

trowsus nofio

cakkirɗi

siorts

kilot

tracwisg

joogin

ffedog

limsere deffowo

menig

gaɲuuji

botwm

boddîrgel

sbectol

lone

breichled

jawo

cadwyn

cakka

modrwy

feggere

clustdlws

hootonde

cap

laafa

cambren

liggirgal weste

het

laafa

tei

karawat

sip

zip

helmed

laafa ndeenka

fframiau danedd

ganŋ

gwisg ysgol

comcol dudal

gwisg

iniform

bib
....
sarbetel daande

teth lwgu
....
neɗɗo fuuunti

cewyn
....
kuus

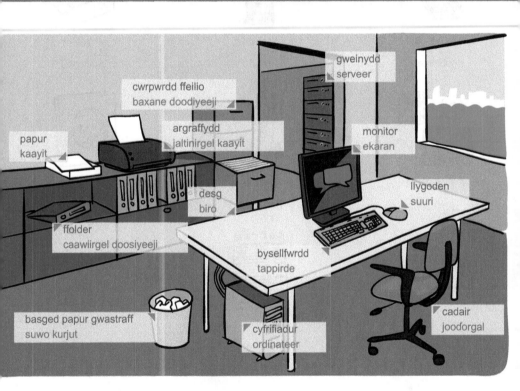

gweinydd
serveer

cwrpwrdd ffeilio
baxane doodiyeeji

argraffydd
jaltinirgel kaayit

monitor
ekaran

papur
kaayit

desg
biro

llygoden
suuri

ffolder
caawiirgel doosiyeeji

bysellfwrdd
tappirde

basged papur gwastraff
suwo kurjut

cyfrifiadur
ordinateer

cadair
jooɗorgal

mwg coffi
....
kuppu kafe

cyfrifiannell
....
qiimorgal

rhyngrwyd
....
enternet

gliniadur

ordinateer beelnateeɗo

llythyr

ɓataake

neges

ɓataake

ffôn symudol

noddirgel

rhwydwaith

reso

llungopïwr

cottitirgel

meddalwedd

losisiyel

teleffon

noddirgel

soced plwg

ceɲirgel ɓoggol kuura

peiriant ffacs

masinŋ faks

ffurflen

mbaadi

dogfen

dokiman

prynu

soodde

talu

sooɗde

masnachu

yeyde

arian

kaalis

doler

dolaar

ewro

eroo

yen

yen

rwbl

ruubal

ffranc y Swistir

faran Siwis

yuan renminbi

yuwaan renminbi

rwpi

rupii

peiriant arian

masinŋ keestorɗo kaalis

swyddfa gyfnewid

nokku beccugol e neldugol

aur

kanŋe

arian

kaalis

olew

esaans

ynni

sembe

pris

coggu

contract

kontara

treth

taks

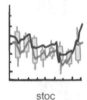

stoc

marsandiss moftaaɗo

gweithio

gollude

cyflogai

gollinteeɗo

cyflogwr

gollinoowo

ffatri

isin

siop

bitik

swyddog heddlu
dadiiɗo

diffoddwr tân
ñifooɓe jeyle

cogydd
defoowo

meddyg
cafroowo

peilot
pilot

garddwr

toppitiiɗo sardin

saer

minise

gwniadwraig

ñootoowo

barnwr

ñaawoowo

fferyllydd

simist e ɗemngal farayse

actor

aktoor

gyrrwr bws

dognoowo biis

gyrrwr tacsi

dognoowo taksi

pysgotwr

gawoowo

glanhawraig

pittoowo

töwr

cengirđe huɓeere

gweinydd

carwoowo

heliwr

daddoowo

paentiwr

pentiroowo

pobydd

piyoowo mburu

trydanwr

gollowo kuura

adeiladwr

mahoowo

peiriannydd

enseñeer

cigydd

jeyoowo teew keso

plymiwr

polombiyer

dyn y post

nawoowo ɓatakuuji

milwr

kooninke

pensaer

diidoowo ɓahanteeri

ariannwr

kestotooɗo

gwerthwr blodau

jeyoowo fuloraaji

triniwr gwallt

mooroowo

archwiliwr tocynnau
rheilffordd

dognoowo

mecanydd

mekanisiyenŋ

capten

kapiteen

deintydd

cafroowo ƴiiƴe

gwyddonydd

miijotooɗo

rabi

kellifaaɗo diine to israayel

imam

imaam

mynach

muwaan e e ɗemngal
farayse

clerigwr

kellifaaɗo diine heerereeɓe

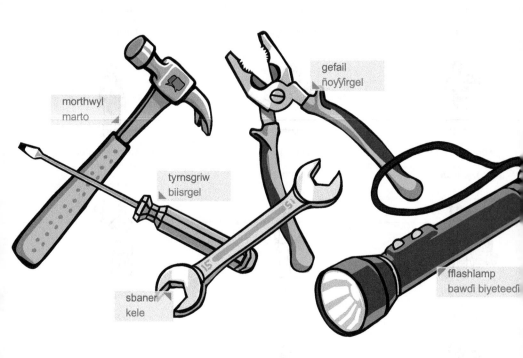

morthwyl
marto

gefail
ñoyÿirgel

tyrnsgriw
biisrgel

sbaner
kele

fflashlamp
bawɗi biyeteeɗi

turiwr

pikku

blwch offer

baxanel kaɓorɗe

ysgol

ŋabbirgal

llif

tayirgal

hoelion

yiɓirɗe

dril

julirgal

trwsio
fewnitde

rhaw
nokkirgel

Daria!
Soo!

rhaw lwch
ƀoftirgel kurjut

pot paent
pot penttiir

sgriwiau
wiisuuji

offerynnau cerdd
kongirgon misik

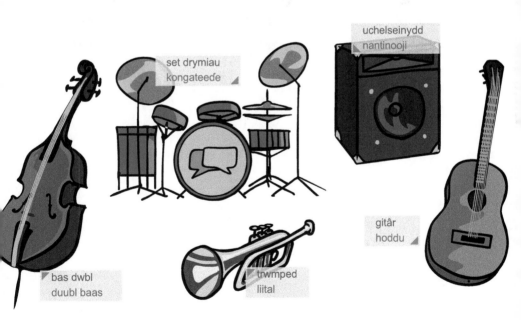

set drymiau
kongateeđe

uchelseinydd
nantinooji

gitâr
hoddu

bas dwbl
duubl baas

trwmped
liital

piano

piayaano

ffidil

wiyolon

bas

baas

timpani

bowɗi biyeteeɗi timpani

drymiau

bawɗi

cyweirfwrdd

tappirgal

sacsoffon

saksofoon

ffliwt

nguurdu

meicroffon

mikoro

teigr
cewngu jaawlal

mynediad
naatirgal

cawell
suudu kullal

sebra
puccu ladde

bwyd anifeiliaid
ñamdu jawdi

panda
panda

anifeiliaid
kulle

eliffant
ñiiwa

cangarŵ
kanguru

rhinoseros
rinoseros

gorila
waandu mowndu

arth
urs

camel

ngelooba

estrys

sundu ɓurndu mownude

llew

mbaroodi

mwnci

waandu

fflamingo

ñaaral pural

parot

seku

arth wen

urso galaas

pengwin

liingu wiyeteendu penguwe

siarc

lingu reke

paun

ndiwri wiyeteendu pawon

neidr

laadoori

crocodeil

nooro

gofalwr sŵ

deenoowo zoo

morlo

togoori ndiyam wiyeteendu
fok e farayse

jagwar

cewngu

merlyn

molu

llewpard

cewngu

hipo

ngabu

jiráff

njabala

eryr

ciilal

baedd

mbabba tugal

pysgodyn

liingu

crwban

heende

walrws

kullal biyeteengal morse

llwynog

renaar

gafrewig

lella

pêl-droed America
Fuggukoyngel Amerknaaɓe

beicio
dognugol welo

tennis
tenis

pêl-fasged
beysbol

nofio
lumbagol

hoci iâ
fuggukoyngel e galaas

bocsio
boks

pêl-droed
Fuggukoyngel

badminton
badminton

athletau
atelettuuji

pêl-law
hanbol

sgïo
fijirɗe deggol e nees

polo
polo

neidio
diwde

chwerthin
jalde

cofleidio
buucaade

cerdded
yaade

canu
yimde

breuddwydio
hoyɗitaade

gweddïo
juulde

cusanu
buucaade

ysgrifennu

windude

tynnu

siifde

dangos

hollude

gwthio

duñde

rhoi

rokkude

cymryd

yettude

bod gan

deñde

gwneud

waɗde

bod

wonde

sefyll

ummaade

rhedeg

dogde

tynnu

fooɗde

taflu

weddaade

disgyn

yande

gorwedd

fende

aros

sabbaade

cario

roondaade

eistedd

jooɗaade

gwisgo amdanoch

ɓoornaade

cysgu

ɗaanaade

deffro

finde

edrych ar

ẏeewde

crïo

woyde

anwesu

helde

cribo

yeesaade

siarad

haalde

deall

faamde

gofyn

naamnaade

gwrando

heɗaade

yfed

yarde

bwyta

ñaamde

tacluso

hawrinde

caru

yiɗde

coginio

defde

gyrru

dognude

hedfan

diwde

hwylio

awyʉde

cyfrifo

qimaade

darllen

jangude

dysgu

jangude

gweithio

gollude

priodi

resde

gwnïo

ñootde

brwsio dannedd

soccaade ɲiiɲe

lladd

warde

ysmygu

simmaade

anfon

neldude

raaɗo debbo

taid
taaniraaɗo gorko

tad
baabiraaɗo

mam
yummiraaɗo

baban
tiggu

merch
biɗɗo debbo

mab
biɗɗo gorko

gwestai

koɗo

modryb

goggiraaɗo

ewythr

kaawiraaɗo

brawd

mowniraaɗo gorko

chwaer

mowniraaɗo debbo

corff
bandu

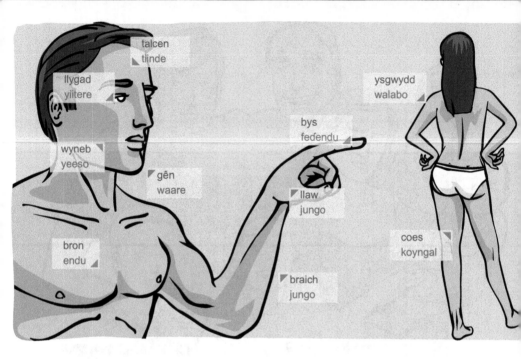

talcen
tiinde

llygad
yiitere

ysgwydd
walabo

bys
feđendu

wyneb
yeeso

gên
waare

llaw
jungo

bron
endu

coes
koyngal

braich
jungo

baban

tiggu

dyn

gorko

gwraig

debbo

geneth

deftere kongoli

bachgen

suka gorko

pen

hoore

cefn

keeci

bel

reedu

bogail

wuddu

bys troed

feɗendu koyngal

sawdl

jaɓɓorgal

asgwrn

yîyal

clun

rotere

pen-glin

hofru

penelin

salndu junngu

trwyn

hinere

pen ôl

dote

croen

nguru

boch

aɓɓulo

clust

nofru

gwefus

tonndu

ceg

hunuko

dant

ñiire

tafod

ɗemngal

ymennydd

ngaandi

calon

ɓernde

cyhyr

yiyal

ysgyfaint

wecco

iau

heeñere

stumog

estoma

arennau

tekteki mawni

rhyw

terɗe

condom

laafa ndeenka

ofwm

ɓoccoonde maniya

semen

maniya

beichiogrwydd

reedu

mislif

yĩiỹam ella

fagina

farja

pidyn

kaake

ael

leeɓi dow yiitere

gwallt

sukunndu

gwddf

daande

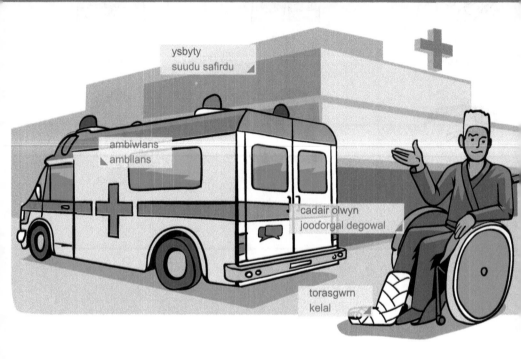

ysbyty
suudu safirdu

ambiwlans
ambilans

cadair olwyn
joodorgal degowal

torasgwrn
kelal

meddyg

cafroowo

ystafell argyfwng

suudo irsaans

nyrs

cafroowo

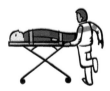

argyfwng

irsaans

anymwybodol

paďďiiďo

poen

muuseeki

anaf

gaañande

gwaedu

tuyƴude

trawiad ar y galon

ɓernde dartiinde

strôc

darogol ɓernde

alergedd

alersi

peswch

ɗojjugol

twymyn

nguleeki ɓandu

ffliw

maɓɓo

dolur rhydd

reedu dogooru

cur pen

muuseeki hoore

canser

kanser

diabetes

jabet

llawfeddyg

operasiyon

fflaim

ceekirgel

gweithrediad

operasiyon

CT

CT

pelydr-x

reyon-x

uwchsain

iltarason

mwgwd wyneb

mask yeeso

clefyd

ñaw

ystafell aros

suudu sabbordu

bagl

sawru tuggorgal

plastr

palatar

rhwymyn

bandaas

pigiad

pikkitagol

stethosgop

keɗirgel dille ɓandu

elorwely

balankaaru

thermomedr clinigol

ɓetirgel nguleeki ɓanndu

genedigaeth

jibinegol

dros bwysau

ɓandu ɓurtundu

cymorth clyw

ɓallotirgel nonooje

diheintydd

desefektan

haint

infeksiyon

firws

viris

HIV / AIDS

HIV / SIDA

meddygaeth

safaara

brechiad

ñakko

tabledi

tabletuuji

y bilsen

foɗɗere

galwad frys

noddaango heñoraango

monitor pwysau gwaed

ɓetirgel dogdu yiiyam

yn sâl / yn iach

sellaani / salli

Help!

Paabođe!

Iarwm

tintinirgel

ymosodiad

jangol

ymosodiad

yande e

perygl

musiiba

allanfa argyfwng

damal dandirgal

Tân!

Paabođe!

diffoddwr tân

ñifirgel jeynge

damwain

aksida

pecyn cymorth cyntaf

geđe cafrorđe gadane

SOS

BALLAL

heddlu

Polis

Ewrop

Erop

Gogledd America

Amerik to Rewo

De America

Amerik to Worgo

Affrica

Afiriki

Asia

Asi

Awstralia

Ostarali

Iwerydd

Atalantik

y Môr Tawel

Pasifik

Cefnfor yr India

Oseyan Enje

Cefnfor yr Antarctig

Oseyan Antarktik

Cefnfor yr Arctig

Osean Arkatik

Pegwn y Gogledd

Bange Rewo

Pegwn y De

Bange Worgo

Antarctica

Antarktik

y Ddaear

Leydi

tir

leydi

môr

maayo mawngo

ynys

wuro nder ndiyam

cenedl

leydi

gwladwriaeth

jamaanu

wyneb cloc

yeeso montoor

bys awr

misalel waqtu

bys munud

misalel hojomaaji

bys eiliad

misalel majanɗe

Faint o'r gloch yw hi?

Hol waqtu jonɗo?

dydd

ñalawma

amser

saha

yn awr

jooni

cloc digidol

montoor disitaal

munud

hojom

awr

waqtu

wythnos
yontere

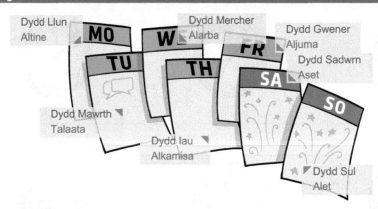

Dydd Llun
Altine

Dydd Mercher
Alarba

Dydd Gwener
Aljuma

Dydd Sadwrn
Aset

Dydd Mawrth
Talaata

Dydd Iau
Alkamisa

Dydd Sul
Alet

ddoe

hanki

heddiw

hande

yfory

jango

bore

subaka

canol dydd

beetawe

noswaith

kikiiɗe

MO	TU	WE	TH	FR	SA	SU
1	2	3	4	5	6	7
8	9	10	11	12	13	14
15	16	17	18	19	20	21
22	23	24	25	26	27	28
29	30	31	1	2	3	4

diwrnodiau busnes

ñalawmaaji golle

MO	TU	WE	TH	FR	SA	SU
1	2	3	4	5	6	7
8	9	10	11	12	13	14
15	16	17	18	19	20	21
22	23	24	25	26	27	28
29	30	31	1	2	3	4

penwythnos

ñalamaaji fooftere

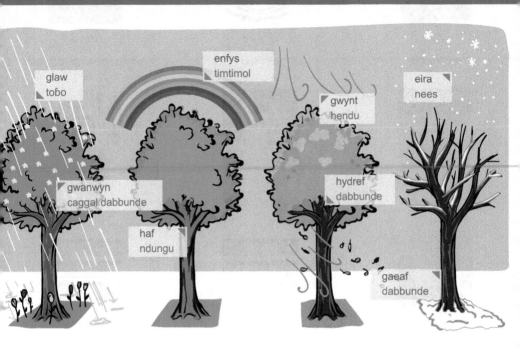

glaw
tobo

enfys
timtimol

eira
nees

gwynt
hendu

gwanwyn
caggal dabbunde

hydref
dabbunde

haf
ndungu

gaeaf
dabbunde

rhagolygon y tywydd

kabrugol geɗe weeyo

thermomedr

ɓetirgal nguleeki

heulwen

nguleeki naange

cwmwl

duulal

niwl tew

niɓɓere niwri

lleithder

ɓuuɓol

mellt

majaango

taranau

gidango

storm

hendu yaduungo e gidaali

cenllysg

toɓo mawngo

monsw̃n

keneeli mawɗi

llif

toɓo yooloongo

iâ

galaas

Ionawr

Janwiye

Chwefror

Feeviriye

Mawrth

Mars

Ebrill

Awril

Mai

Me

Mehefin

Suwe

Gorffennaf

Suliye

Awst

Ut

Medi
....
Setanbar

Hydref
....
Oktobar

Tachwedd
....
Noowambar

Rhagfyr
....
Desambar

siapiau
Mbaadi

cylch
....
taariɗum

sgwâr
....
bangeeji potɗi

petryal
....
rektangal

triongl
....
tiriyangal

sffêr
....
esfeer

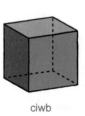

ciwb
....
kib

gwyn

deneejo

melyn

puro

oren

oraas

pinc

roos

coch

boɗeejo

porffor

yolet

glas

bulaajo

gwyrdd

werte

brown

baka

llwyd

giri

du

ɓaleejo

84

lliwiau - kuloraaji

llawer / ychydig

heewi / famɗi

dig / tawel

mittinɗo / deeyɗo

hardd / hyll

yooɗi / soofi

dechrau / diwedd

fuɗɗorde / gasirde

mawr / bach

mawni / famɗi

llachar / tywyll

leeri / ɗibbiɗi

brawd / chwaer

awniraaɗo gorko / debbo

glân / budr

laaɓi / tulmi

gyflawn / anghyflawn

timmi / manki

dydd / nos

ñalawma / jamma

farw / yn fyw

mayi / wuuri

eang / cul

yaaji / ɓitti

bwytadwy / anfwytadwy

ñaame / ñaametaake

drwg / caredig

bonɗum / moyƴi

llawn cyffro / diflasu

weelti / deeyî

tew / tenau

ɓutto / cewɗo

cyntaf / olaf

gadiiɗo / cakkitiiɗo

cyfaill / gelyn

sehil / gaño

llawn / gwag

heewi / ɓolɗi

caled / meddal

tiiɗî / hoyi

trwm / ysgafn

teddi / hoyi

wedi newynnu / yn sychedig

heege / ɗomka

yn sâl / yn iach

sellaani / salli

anghyfreithlon / cyfreithiol

dagaaki / dagi

deallus / twp

ƴoyî / yîƴaani

chwith / dde

ñaamo / nano

agos / pell

ɓadi / woɗɗî

newydd / wedi'i ddefnyddio
keso / kiiɗɗo

dim / rhywbeth
haydara / huunde

hen / ifanc
nayeeji / suka

ymlaen / i ffwrdd
ne heen / ala heen

ar agor / ar gau
udditi / uddi

tawel / uchel
deeyi / dilla

cyfoethog / tlawd
galo / baasɗo

cywir / anghywir
feewi / feewaani

garw / llyfn
tekki / ɗaati

trist / hapus
suni / weelti

byr / hir
daɓɓo / jutɗo

araf / cyflym
leeli / yaawi

gwlyb / sych
leppi / yoori

cynnes / claear
wuli / ɓuuɓi

rhyfel / heddwch
hare / jam

0

sero

meere

1

un

goo

2

dau

ɗiɗi

3

tri

tati

4

pedwar

nay

5

pump

joy

6

chwech

jeegom

7

saith

seeɗiɗi

8

wyth

jeetati

9

naw

jeenay

10

deg

sappo

11

un deg un

sappo e goo

12

un deg dau

sappo e ɗiɗi

13

un deg tri

sppo e tati

14

un deg pedwar

sappo e nay

15

un deg pump

sappo e joy

16

un deg chwech

sappo e jeegom

17

un deg saith

sappo e jeeɗiɗi

18

un deg wyth

sappo e jeetati

19

un deg naw

sappo e jeenay

20

dau ddeg

noogas

100

cant

teemedere

1.000

mil

ujunere

1.000.000

miliwn

miliyonŋ

Saesneg

Angale

Saesneg America

Angale Amerik

Tsieinëeg Mandarin

Mandare Siin

Hindi

Indo

Sbaeneg

Español

Ffrangeg

Farayse

Arabeg

Arab

Rwseg

Riis

Portiwgaleg

Portige

Bengali

Bengali

Almaeneg

Alma

Siapanaeg

Sappone

fi

miin

ti

ann

ef / hi

kanŋko / kanŋko / kañum

ni

minen

chi

onon

nhw

kamɓe

pwy?

holi oon?

beth?

hol ɖum?

sut?

hol no?

ble?

hol toon?

pryd?

mande?

enw

innde

y tu ôl i

caggal

yn / yng / ym / mewn

nder

o flaen

yeeso

dros

hedde

ar

dow

dan

les

wrth ochr

sara

rhwng

hakkunde

lle

nokku